차례

겸손의 왕 예수 그리스도

1

예루살렘 성으로 걸어가던 예수님과 제자들이 예루살렘 근처 벳바게 마을에 이르렀을 때였어요.

"예수님, 이제 거의 다 왔어요. 저기 보이는 감람산만 넘어가면 예루살렘이에요."

그때, 예수님께서 가던 걸음을 멈추시더니, 두 명의 제자에게 말씀하셨어요.

"너희들은 저 마을로 가서 나귀와 나귀 새끼를 끌고 오너라. 만일 누가 물어보면 주께서 쓰실 것이라고 말해라. 그러면 보내줄 것이다."

제자들은 예수님이 말씀하신 대로 나귀 새끼를 예수님께로 끌고 왔어요.

"예수님, 여기 나귀를 끌고 왔어요. 어서 타세요."

제자들이 겉옷을 벗어 나귀 등 위에 깔자 예수님께서 나귀 새끼 등에 타셨어요.

예수님을 태운 나귀 새끼는
천천히 예루살렘을 향해 걸어가기 시작했어요.

따그닥 따그닥 따그닥…
예수님을 태운 나귀 새끼가 비탈진 산등성이 길을 따라 걸어가요.
따그닥 따그닥 따그닥…
예수님을 태운 나귀 새끼가 느릿느릿 오르막길을 올라가요.
따그닥 따그닥 따그닥… 감람산을 넘어…
따그닥 따그닥 따그닥…
예수님을 태운 나귀 새끼가 꼬불꼬불 비탈길을 내려가요.
따그닥 따그닥 따그닥…
와! 드디어 저 앞에 예루살렘 성이 보이네요.

나귀를 타신 예수님이 예루살렘 성에 들어가시자
온 성이 떠들썩해졌어요.

사람들은 예수님이 오시는 길에 자기의 겉옷을 벗어서 깔고,
종려나무 가지를 흔들면서 왕으로 오시는 예수님을 환영했어요.

그런데 모두가 기뻐하며 맞이하는 예수님을 못마땅한 눈초리로 지켜보던 이들이 있었어요.
그들은 바로 유대의 종교 지도자들이었던 대제사장들과 서기관들이에요.
그들은 자신들의 죄를 꾸짖으시는 예수님을 미워했고,
온 백성이 따르는 예수님 때문에 자기들의 권세를 잃을까봐 두려웠어요.
그들은 사람들 몰래 예수님을 죽일 음모를 꾸몄어요.

사람들은 몰랐어요. 예수님이 왜 예루살렘에 오셨는지…
예수님이 왜 초라한 나귀 새끼를 타고 오셨는지…

오직 예수님만 알고 계셨어요.
십자가에서 죽기 위해
당신이 예루살렘에 오셨다는 것을…

겸손하신 예수님은
모든 일이 하나님의 뜻대로 이루어지길 원하셨어요.
겸손하신 예수님은 사람들이 원하는 왕의 길이 아닌,
하나님이 원하시는 고난의 길로 나아가셨어요.
겸손하신 예수님은 자신이 죽게 될 것을 아시면서도
십자가의 죽음을 향하여 묵묵히 나아가셨어요.
모든 사람을 구원하시려는 하나님의 뜻을 이루기 위해
십자가 고난의 길에 순종하신 거예요.

무엇이 다를까요?

예수님께서 예루살렘 성에 들어가실 때, 예수님과 제자들, 사람들의 생각이 각각 어떻게 달랐나요? 그리고 그 이유는 무엇일까요?

알쏭달쏭 궁금해요!

예수님이 왜 겸손의 왕이신가요?

| 예수님 | 예루살렘 | 겸손 | 고난 | 순종 | 왕 | 나귀 새끼 | 호산나 |

 은 화려한 마차나 말을 타고 에 들어가시지 않았습니다.

 은 구약 성경에 예언된 대로 를 타신 한 모습으로 에

들어가셨습니다. 사람들은  를 외치며  을 왕으로 환영했지만

 은 흔들림 없이 하나님의 뜻에  하셨습니다. 이 에

들어가신 것은 우리를 구원하시려는 하나님의 뜻대로 을 받으시기 위해서

였습니다. 하나님 뜻대로 의 길에 하신 이

바로 의 이십니다.

겸손의 왕을 찬양해요

준비물: 초록색 도화지, 가위, 투명테이프
방　법: 1) 초록색 도화지에 겸손하지 못했던 자신의 죄를 회개하는 기도문을 적어요.
　　　　2) 기도문을 읽으며 기도해요.
　　　　3) 기도문을 적은 도화지를 7~8cm정도 남겨두고 사진처럼 가위로 자른 뒤,
　　　　　돌돌 말아요.
　　　　4) 3)의 이파리 부분을 살짝 위로 잡아당기고, 가지 부분에 테이프를 붙여 종려나무
　　　　　가지를 완성한 뒤, 겸손의 왕으로 오신 예수님을 찬양해요.

'겸손의 왕 예수' 팝업 카드 만들기

준비물: 새김북스, 색도화지, 칼, 양면테이프나 풀

방　법: 1) 부록(37쪽)의 그림자료를 오리는 선을 따라 떼어낸 후, 아래 접는 선을 따라
　　　　 접어서 세워요.

　　　 2) 그림자료의 테두리 뒷부분에 풀칠하여 색도화지 위에 붙여요.

　　　 3) 완성된 팝업 북을 보면서 겸손하신 예수님을 기억하고 그분을 본받기로 다짐해요.

* 부록(37쪽)에 있는 자료를 사용해서 만들고 놀이해요.

이 마음을 품어요

우리가 품어야 할 예수님의 마음을 무엇일까요?
아래 그림에서 예수님 얼굴만 색칠해 보세요.

준비물: 새김북스, 색연필
방　법: 1) 빌립보서 2장 5절을 찾아 읽고, 질문에 대답해 보세요.
　　　　2) 하트 안에 있는 예수님 얼굴 부분만 색칠해요.
　　　　3) 예수님의 겸손한 마음을 닮게 해 달라고 기도해요.

겸손함으로 빛나는 나!

겸손함으로 반짝반짝 빛나는 나의 모습을 기대하며
겸손을 실천해 보아요.

준비물: 새김북스, 스티커
방　법: 1) 겸손하지 못했던 자신의 모습을 돌아보고 고백해요.
　　　　2) 겸손을 훈련하는 다섯 가지 실천사항에 대한 구체적인 내용을 적어요.
　　　　3) 위의 실천사항을 일정 기간 동안 실천하고, 스티커를 붙여요.

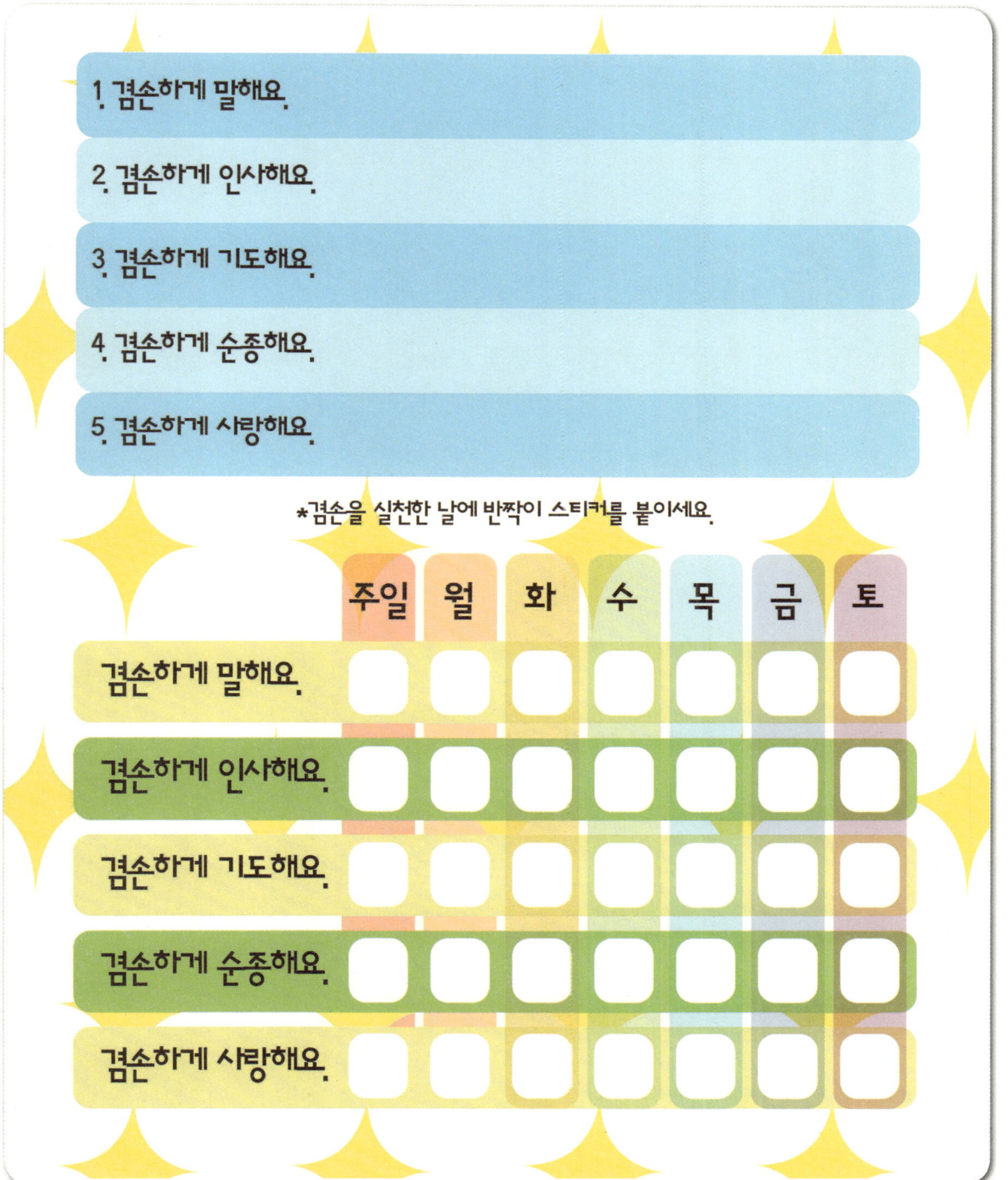

	주일	월	화	수	목	금	토
겸손하게 말해요.							
겸손하게 인사해요.							
겸손하게 기도해요.							
겸손하게 순종해요.							
겸손하게 사랑해요.							

섬김의왕 예수 그리스도

달그락 달그락 달그락…

예수님과 제자들이 다락방에 모여 저녁식사를 하고 있어요.

모두들 이런 저런 이야기를 나누며 식사를 하고 있을 때,

물끄러미 제자들을 바라보시던 예수님께서 잠시

생각에 잠기셨어요.

'이제 내가 하나님께로 돌아갈 때가 되었구나.'

예수님의 마음은 무척 아프고 괴로우셨어요.

자신이 십자가에서 죽게 될 때가 가까워 옴을

아셨기 때문이에요.

그때, 예수님께서 갑자기 자리에서 일어나셨어요.
그리고는 겉옷을 벗고 허리에 수건을 두르시더니
대야에 물을 붓고 흙먼지가 잔뜩 묻은 제자들의 발을
한 사람, 한 사람, 씻기시기 시작했어요.

'도… 도대체 예수님이 왜 이러시지?'

당황한 제자들은 아무 말도 못하고
서로 눈치만 보았어요.

그런데 이 모습을 바라보던 베드로가
더 이상 참지 못하고 예수님께 말했어요.

"안돼요, 주님!
제 발은 절대로 씻기실 수 없습니다!"

"베드로야, 내가 너를 씻겨 주지 않으면
너는 나와 아무 상관이 없단다."

그제야 베드로는 예수님께
엉거주춤 발을 내밀었어요.

예수님은 알고 계셨어요.
자신을 배반할 제자가 누구인지,
자신을 모른다고
거짓말 할 제자가 누구인지,
그리고 자신을 버리고
도망칠 제자가 누구인지 말이에요.

하지만 예수님은
그들을 끝까지 사랑하셨어요.
그리고 제자들에게
꼭 가르쳐주고 싶으셨어요.

서로 자기가 높은 자리에
앉겠다고
다투지 말고
예수님처럼
사랑으로 서로를 섬기며
살아야 한다는 것을…

그래서 예수님은 종과 같이
낮아지고 섬기는 모습을
본보기로 보여주신 거예요.

"내가 너희에게 한 일을 알겠느냐?"

제자들은 서로를 말없이
쳐다보았어요.

"선생인 내가
너희 발을 씻겼으니
너희도 서로
발을 씻겨 주어야 한다."

예수님은
죽음을 앞둔 마지막 순간에도
제자들을 끝까지 사랑하셨어요.

예수님은
가장 낮은 자의 모습으로
제자들의 발을
씻겨 주셨어요.

그것은
제자들이
본받기를 원하시는
사랑의 섬김이었어요.

예수님은 말로만이 아닌
행함으로
섬김의 본보기를
보여주셨답니다.

왜 그랬을까요?

예수님은 왜 제자들의 발을 씻겨 주셨나요?

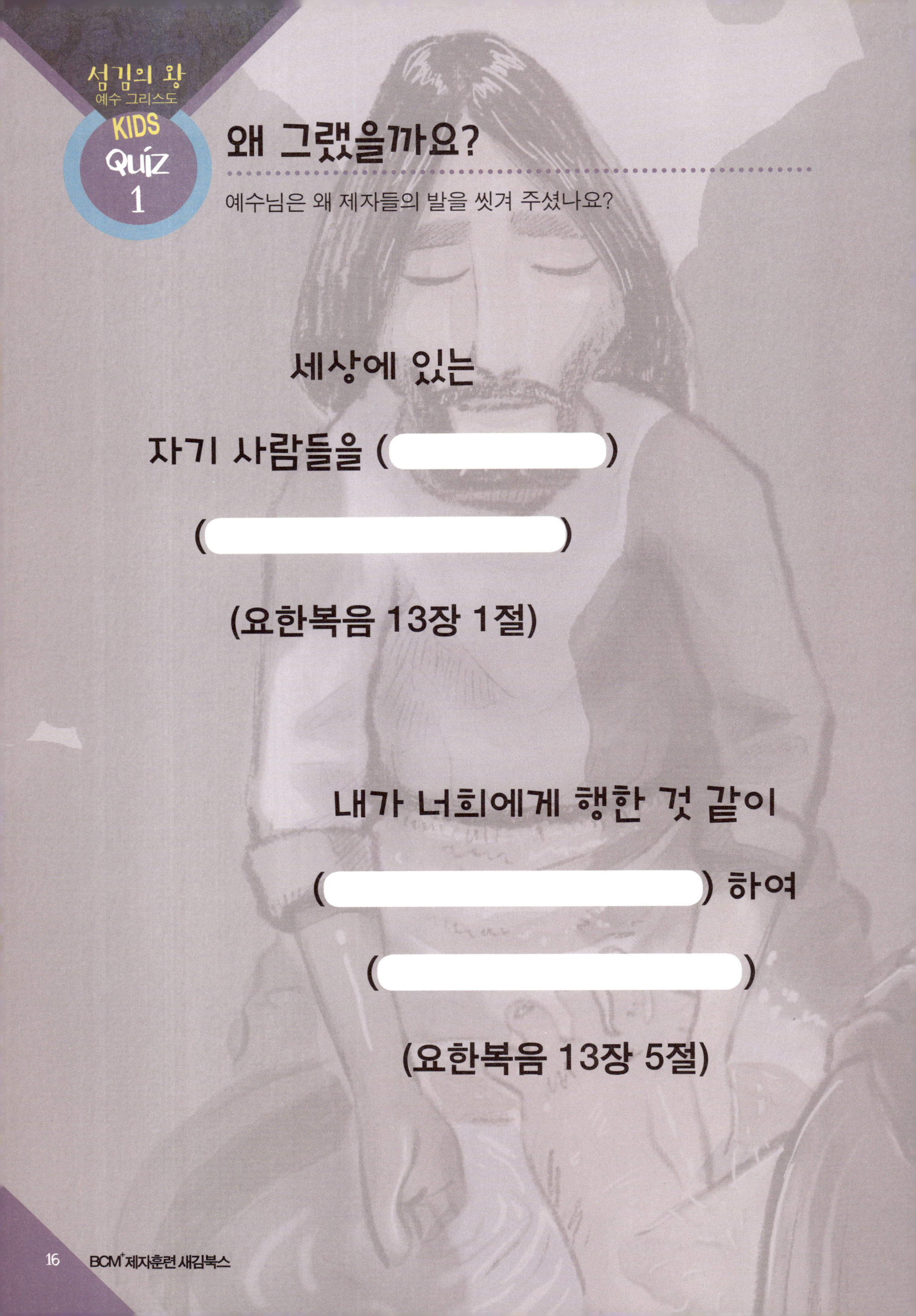

세상에 있는

자기 사람들을 ( )

( )

(요한복음 13장 1절)

내가 너희에게 행한 것 같이

( ) 하여

( )

(요한복음 13장 5절)

누가 큰 자일까요?

1. 제자들의 모습과 예수님의 모습은 어떻게 다른가요? 그 이유는
무엇일까요?

2. 천국에서는 누가 큰 자일까요?

너희 중에 누구든지 크고자 하는 자는

너희를 (이기는 자, 섬기는 자)가 되고,

너희 중에 누구든지 으뜸이 되고자 하는 자는

(모든 사람의 주인, 모든 사람의 종)이 되어야 하리라.

(마가복음 10장 43-44절)

요리 조리 섬김 쿡

준비물: 라이스 페이퍼, 닭 가슴살 통조림, 파프리카, 오이, 당근, 월남 쌈 소스, 칠리 소스
　　　　(또는 머스타드 소스), 칼, 도마, 위생장갑, 뜨거운 물과 대접, 접시나 쟁반, 젓가락

방　　법: 1) 오이와 파프리카를 채 썰고, 닭 가슴살과 함께 접시에 담아요.

　　　　2) 라이스 페이퍼를 뜨거운 물에 담갔다가 건져 접시나 쟁반 위에 편 후, 그 위에
　　　　　1)을 넣어 잘 싸서 돌돌 말아요.

　　　　3) 완성된 월남 쌈을 소스에 찍어 서로 먹여 주어요. 그리고 월남쌈을 접시에 담아
　　　　　교회에서 봉사하시는 어른들께 대접해요.

섬김 데칼코마니

준비물: 새김북스, 물감, 색연필

방　법: 1) 제자들의 발을 씻기신 예수님처럼 각자 어떤 섬김을 실천할 수 있을지 이야기해요.

　　　　2) 발 씻기시는 그림 옆에 다른 사람을 섬기는 모습을 그려요.

　　　　3) 발 씻기시는 그림 테두리 부분에 원하는 모양으로 물감을 짜서 모양을 만든 후,
　　　　　 접는 선을 따라 반으로 접어 물감이 있는 부분을 꾹꾹 눌렀다가 펴요.

　　　　4) 그림 테두리가 같은 모양으로 나온 것처럼 예수님의 섬김을 본받는 어린이가 될 것
　　　　　 을 다짐해요.

* 부록(39쪽)에 있는 자료를 사용해서 만들고 놀이해요.

섬김 쿠폰을 선물해요

사랑이 가득 담긴 섬김 쿠폰으로 사랑하는 가족을 섬겨요.

준비물: 새김북스, 가위, 봉투
방　법: 1) 새김북스에 있는 섬김 쿠폰을 오려서 봉투에 담아요.
　　　　2) 가족에게 섬김 쿠폰을 나누어주며, 쿠폰대로 사랑의 섬김을 실천해요.

가족 세족식

예수님이 제자들의 발을 씻겨주신 것처럼
가족들의 발을 씻겨 주어요.

준비물: 세숫대야, 물, 수건
방   법: 1) 예수님이 제자들의 발을 씻겨 주신 것처럼,
            가족들의 발을 씻겨 주어요.
        2) 발을 씻겨 주고 나서 서로를 포옹하며
            사랑한다고 고백해요.
        3) 세족식 후에 각자 느낀 점과 예수님과
            제자들의 마음이 어떠했을지 이야기를
            나누고, 예수님 말씀대로 섬기는 삶을
            살 것을 다짐하는 기도를 드려요.

3 구원의 왕 예수 그리스도

"이자에게 무슨 죄가 있느냐?"

"이자는 자신이 유대인의 왕이라며 백성들을 미혹하고
하나님을 모독했습니다!"

대제사장들과 공회원들이 붙잡혀 온 예수님을 노려보며 말했어요.

"그럼 내가 어떻게 하기를 바라느냐?"

"우리의 율법을 따라 하나님을 모독한 자는 마땅히 죽어야 합니다.
이자를 십자가에 못 박으십시오!"

하지만 빌라도는 죄 없는 예수님을 죽이고 싶지 않았어요.
그는 예수님과   또 다른 죄수 바라바를 백성들 앞에 세운 후에,
둘 중 원하는   한 사람을 풀어주겠다고 말했어요.

그런데 이게 웬일인가요?
군중들은 예수님 대신
흉악범 바라바를 놓아 달라고
소리쳤어요.

그들의 외침은 곧
예수님을 십자가에 못 박으라는
함성으로 바뀌었어요.

예수님은
이미 모든 것을 알고 계신 듯
고개를 숙인 채 아무 말씀도 하지 않으셨어요.
그런데 빌라도는 성난 군중들의 함성 소리에 점점 두려워졌어요.
'이러다가 큰일 나겠군. 큰 폭동이라도 일어날 기세야.'
결국 빌라도는 바라바를 놓아 주고,
예수님을 십자가에 처형하도록 넘겨주고 말았어요.

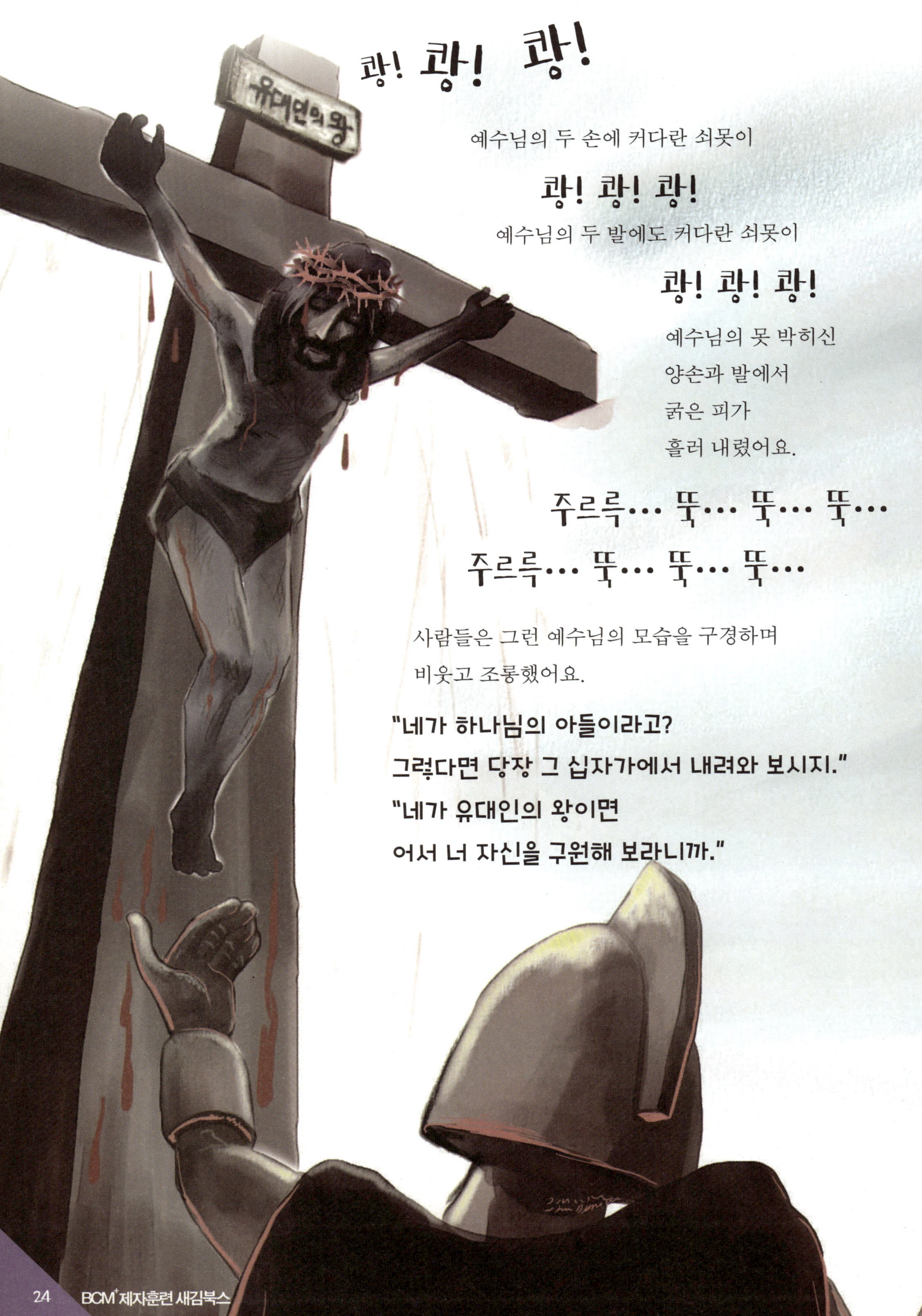

쾅! 쾅! 쾅!

예수님의 두 손에 커다란 쇠못이

쾅! 쾅! 쾅!

예수님의 두 발에도 커다란 쇠못이

쾅! 쾅! 쾅!

예수님의 못 박히신
양손과 발에서
굵은 피가
흘러 내렸어요.

주르륵… 뚝… 뚝… 뚝…

주르륵… 뚝… 뚝… 뚝…

사람들은 그런 예수님의 모습을 구경하며
비웃고 조롱했어요.

"네가 하나님의 아들이라고?
그렇다면 당장 그 십자가에서 내려와 보시지."
"네가 유대인의 왕이면
어서 너 자신을 구원해 보라니까."

"아버지, 저들의 죄를 용서해 주세요.
저들은 자신들이 무슨 일을 하는지 모르고 있어요."

그렇게 예수님은 모든 고통을 다 당하신 후에
십자가에서 숨을 거두셨어요.

예수님은 모든 사람의 죄 때문에
십자가에 쾅! 쾅! 쾅! 못 박히셨어요.
예수님은 모든 사람의 죄를 대신하여
십자가에서 주르륵… 뚝… 뚝… 뚝… 피를 흘리셨어요.
예수님은 모든 사람을 구원하기 위해
그 모든 고통과 조롱을 참고 견디셨어요.

그리고 생명을 내어주는 가장 큰 섬김으로 구원을 이루셨어요.

누구 때문인가요?

예수님은 누구 때문에 십자가에 못 박히셨나요?

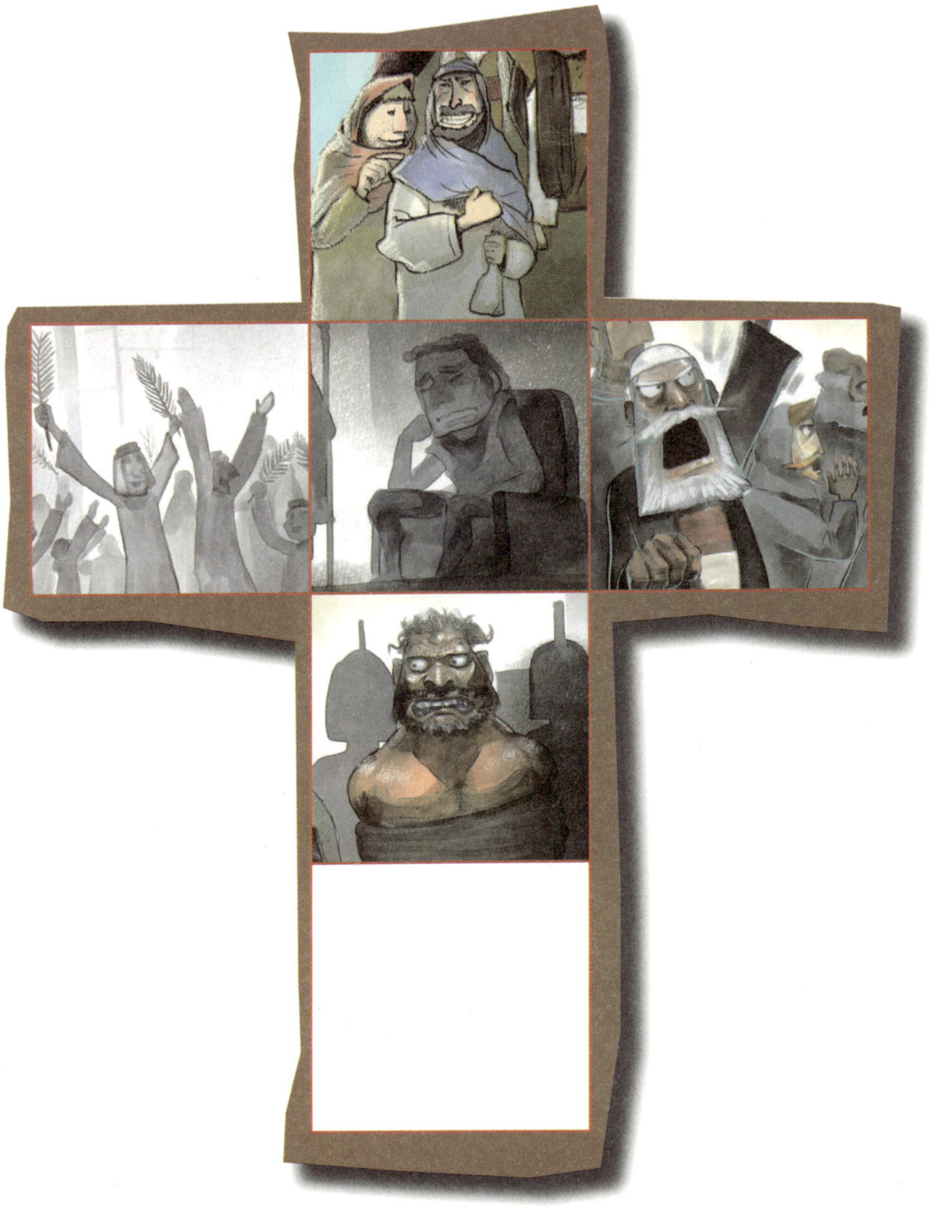

 은 ( ) 을 구원하시기 위해  에 못 박히셨습니다.

 은 ( ) 를 구원하시기 위해  에 못 박히셨습니다.

나에게 예수님은

1. 예수님이 달리신 십자가 위의 죄 패에
   무엇이라고 쓰여 있었나요?

2. 나를 위해 십자가에 달리신 예수님을 누구라고 고백할까요?

십자가 양초 만들기

준비물: 양초, 컬러 지점토(또는 클레이 점토), 성냥
방　법: 1) 자신의 몸을 태워 어둠을 밝히는 초와 모든 사람을 위해 자신을 희생하신
　　　　　 예수님의 공통점에 대해 이야기해요.
　　　　2) 컬러 지점토를 양초에 씌워 십자가 모양을 만들어요.
　　　　3) 십자가 초에 불을 켠 다음, 나를 구원하시려고 십자가에 달리신 주님의 희생과
　　　　　 사랑에 감사하는 기도를 드려요.

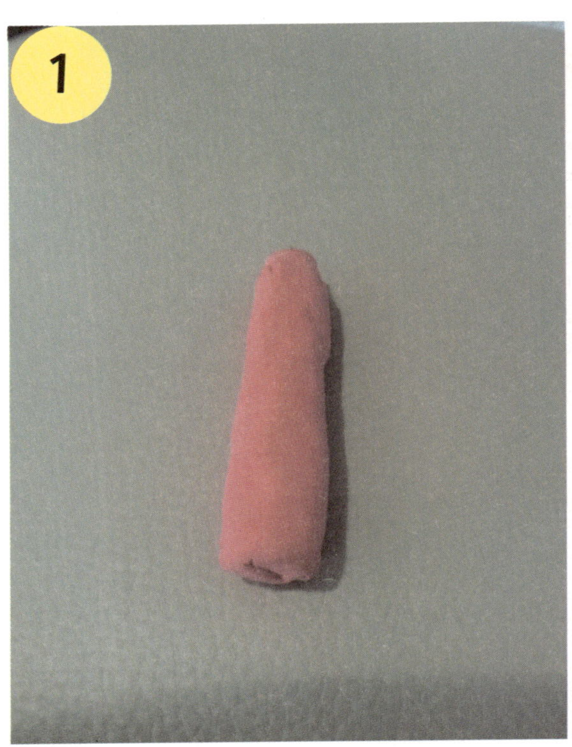

나의 사도신경

준비물: 새김북스, 필기도구
방 법: 1) 아래의 빈 칸에 들어갈 말을 쓰세요.
    2) '나' 대신 자기 이름을 넣어 사도신경을 읽고 외워 보아요.
    3) 나의 사도신경을 오려서 책상 앞에 붙여 놓고 읽으며, 구원의 복음 내용을
       기억해서 다른 사람에게 전해주어요.

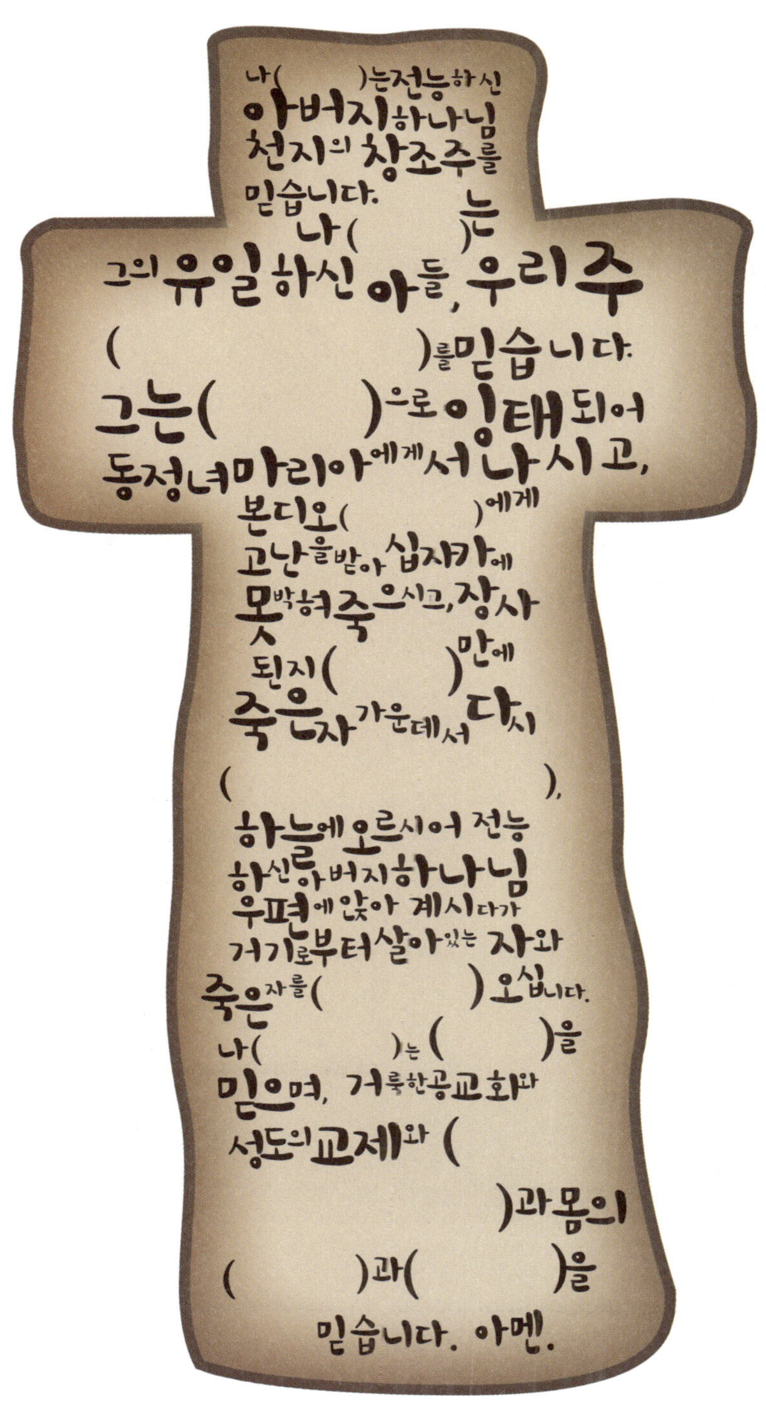

* 부록(41쪽)에 있는 자료를 사용해서 만들고 놀이해요.

꼭꼭 숨어라

1. 아래 그림에서 숨어 있는 물건들을 찾아보세요.

2. 그 물건들이 각각 무엇을 의미하는지 줄을 그어 옆의
   단어와 이어 보세요.

겸손

섬김

고난

희생

구원

숨은 그림: 나귀 새끼, 대야, 수건, 못, 망치, 양초, 십자가

예수님처럼 나도

내가 하고 싶은 것, 먹고 싶은 것을 참아본 적이 있나요?

이렇게 스스로를 이겨내는 힘을 '절제'라고 해요.

예수님도 어려운 고난을 참고 견디지 못했다면 구원을 이룰 수 없었을 거예요.

우리를 구원하기 위해 십자가에 달리신 예수님을 생각하며 잠시 동안이라도

내가 하고 싶은 것을 참아보면서 예수님의 고난을 생각하고 그 고난에 동참해보면

어떨까요?

또 먹고 싶은 마음을 참고 금식하면서 예수님의 고난에 동참해 보고, 그것으로

다른 이들을 섬겨 보면 어떨까요?

작지만 귀한 섬김이 어려운 이웃을 구원하고

세상을 변화시키는 기적을 일으킬 수 있답니다.

내가 절제할 수 있는 것이 무엇인지 생각해 보세요.

한 끼 금식에 참여해 보아요.

포스터 출처 : 사단법인 글로벌 비전

부록

섬김 데칼코마니

접는선

나(　　　)는 전능하신 아버지 하나님 천지의 창조주를 믿습니다.

나(　　　)는 그의 유일하신 아들, 우리 주 (　　　　　　)를 믿습니다.

그는 (　　　　　)으로 잉태되어 동정녀 마리아에게서 나시고,

본디오 (　　　　)에게 고난을 받아 십자가에 못박혀 죽으시고, 장사 된 지 (　　　)만에 죽은 자 가운데서 다시

(　　　　　　　　　),

하늘에 오르시어 전능하신 아버지 하나님 우편에 앉아 계시다가 거기로부터 살아 있는 자와 죽은 자를 (　　　　　) 오십니다.

나(　　　)는 (　　　)을 믿으며, 거룩한 공교회와 성도의 교제와 (　　　

　　　)과 몸의

(　　　　)과 (　　　　)을 믿습니다. 아멘.

BCM+ 제자훈련 새김북스

섬김의 왕 예수 그리스도

어린이교회 학생용 새김북스

발행일 | 2014년 2월 15일 초판

발행인 | 우순태

편집인 | 유윤종

책임편집 | 강신덕

기획/편집 | 강영아 전영욱

디자인/일러스트 | 최동호 권미경 오인표

홍보/마케팅 | 강형규 박지훈

행정지원 | 조미정 신지현

집필 | 정현숙

펴낸곳 | 도서출판 사랑마루

서울시 강남구 테헤란로 64길 17(대치동)

대표전화 | TEL (02) 3459-1051~2/ FAX (02) 3459-1070

홈페이지 | http://www.eholynet.org, http://www.ibcm.kr

등록 | 2011년 1월 17일 등록번호/ 제2011-000013호

ISBN | 978-89-7591-304-4   13230

정가 | 3,300원